BEI GRIN MACHT SICH IHR
WISSEN BEZAHLT

- Wir veröffentlichen Ihre Hausarbeit,
  Bachelor- und Masterarbeit

- Ihr eigenes eBook und Buch -
  weltweit in allen wichtigen Shops

- Verdienen Sie an jedem Verkauf

Jetzt bei www.GRIN.com hochladen
und kostenlos publizieren

Antijudaismus während des 1. Kreuzzuges

Welche Ursachen führten zu den Judenpogromen während des ersten Kreuzzugs und wie manifestierten sich diese Gewalttaten?

Felix Gäde

Bibliografische Information der Deutschen Nationalbibliothek:

Die Deutsche Nationalbibliothek verzeichnet diese Publikation in der Deutschen Nationalbibliografie; detaillierte bibliografische Daten sind im Internet über http://dnb.d-nb.de abrufbar.

ISBN: 9783389019429
Dieses Buch ist auch als E-Book erhältlich.

© GRIN Publishing GmbH
Trappentreustraße 1
80339 München

Druck und Bindung: Books on Demand GmbH, Norderstedt Germany
Gedruckt auf säurefreiem Papier aus verantwortungsvollen Quellen

Das vorliegende Werk wurde sorgfältig erarbeitet. Dennoch übernehmen Autoren und Verlag für die Richtigkeit von Angaben, Hinweisen, Links und Ratschlägen sowie eventuelle Druckfehler keine Haftung.

Das Buch bei GRIN: https://www.grin.com/document/1471519

Friedrich-Schiller-Universität Jena

Historisches Institut

Seminar: Antijudaismus im Mittelalter

Wintersemester 2023/24

Welche Ursachen führten zu den Judenpogromen während des ersten Kreuzzugs und wie manifestierten sich diese Gewalttaten?

Felix Gäde

Bachelor Geschichte

5. Fachsemester

Inhaltsverzeichnis

1. Einleitung

Mit dem Beginn der Kreuzzüge wird ein düsteres Kapitel der Kirchengeschichte aufgeschlagen. Der Erste Kreuzzug hatte tragische Auswirkungen auf die jüdische Bevölkerung in Europa, da er zu einer Welle von Gewalt und Pogromen führte, die als Judenpogrome bekannt sind. Obwohl der Hauptzweck des Kreuzzugs darin bestand, das Heilige Land von den Muslimen zu befreien, wurden auf dem Weg dorthin viele jüdische Gemeinschaften als Ziele für Angriffe gesehen. Die Kreuzfahrer, die von religiösem Eifer erfüllt waren, betrachteten die Juden fälschlicherweise als Feinde des Christentums und beschuldigten sie, mit den Muslimen zu kollaborieren. Diese Vorwürfe führten zu Gewaltakten, Massakern und Vertreibungen von Juden aus ihren Gemeinden.

In der folgenden Arbeit soll die Ursache der Ausschreitungen gegen die Juden und die darauffolgenden Gewalttaten genauer untersucht werden. Dabei wird das Thema zeitlich auf das Jahr 1096, also den Beginn des ersten Kreuzuges und örtlich auf die deutschen Städte eingegrenzt. Bei den deutschen Städten geht es hauptsächlich um die jüdischen Gemeinden, welche sich im Rheinland befinden und besonders heftig unter den Kreuzzügen leiden mussten. Neben den Gewalttaten werden auch diejenigen Christen erwähnt, die sich für die jüdischen Gemeinden eingesetzt haben und das unter Einsatz ihres Lebens.[1]

Die Hauptquelle für diese Arbeit bilden die sogenannten Chroniken I- III. Bei den Chroniken handelt es sich drei hebräische Berichte aus der ersten Hälfte des 12. Jahrhunderts. Jeder einzelne den von Berichten schildert die Ereignisse zu den Judenpogromen in den Rheinländischen Städten mit einer erstaunlichen Genauigkeit. Salomo bar Simson, Elieser bar Nathan und Mainzer Anonymus sind die Autoren der Werke. Trotz der grausamen Ereignisse scheuen sie sich nicht, das Martyrium, was ihre Glaubensgenossen erleiden, mussten in vollem Umfang darzustellen.[2]

---

[1] Mentgen, Gerd, Kreuzzüge und Judenpogrome, in: Kotzur, Hans-Jürgen (Hg.), Die Kreuzzüge. Kein Krieg ist heilig, Mainz 2004, S. 65-68.
[2] Haverkamp, Eva, MONUMENTA GERMANIAE HSITORICA. Hebräische Berichte über die Juden während des Ersten Kreuzzuges, Hannover 2005, S. 2-3.

2. Papst Urban II. ruft zum ersten Kreuzzug auf

Der byzantinische Kaiser Alexios I. Komnenos entsendete Mitte der neunziger Jahre des 11. Jahrhunderts eine Gesandtschaft zu Papst Urban II., die den Auftrag hatte den Papst um Hilfe für Byzanz zu bitten. Hierbei sollte der Papst eher als Vermittler für den byzantinischen Kaiser dienen und nicht direkt selbst die Mittel für die benötigte Unterstützung stellen. Der Grund für die Unterstützungsanforderung von Kaiser Alexios I. Komnenos, war die stetig ansteigende Bedrohung durch die türkischen Seldschuken, die im Laufe des Jahrhunderts wieder große Teile Kleinasiens fest unter Ihre Herrschaft bringen konnten. Da Kaiser Alexios I. Komnenos in den neunziger Jahren im Stande war, das Balkangebiert wieder zu stabilisieren, wendete sich sein Interesse wieder mehr gegen die östlichen Bedrohungen. Mit der Unterstützung von Papst Urban II. und seinen Anhängern wollte Kaiser Alexios I. Komnenos die verlorenen Gebiete in Kleinasien wieder zurückgewinnen. Für so ein Vorhaben benötigte der Kaiser unbedingt die lateinischen Ritter, um sich gegen die kampfstarken türkischen Seldschuken behaupten zu können. Mit Papst Urban II. wollte sich Kaiser Alexios I. Komnenos einen einflussreichen verbündeten sichern, der dazu die religiöse Komponente in seinem Vorhaben verstärkt. Wir können davon ausgehen, dass weitere Gesandtschaften über den Papst hinaus entsendet wurden, um Truppen im Abendland zu rekrutieren[3].

Die oben genannten Gesandten des Kaisers trafen den Papst nicht in Rom an, sondern auf seiner Reise durch Oberitalien, in Piacenza. Dort wollte er eigentlich einige Angelegenheiten der norditalienischen Kirche besprechen und gleichzeitig dem Gegenpapst Wibert mit seiner Anwesenheit eine Kampfansage machen. Man könnte also meinen, dass der Hilferuf von Kaiser Alexios I. Komnenos für Papst Urban II. zu richtigen Zeit kam, da der Kaiser sich an, den rechtmäßigen Papst wandte und nicht an den Gegenpapst, was für die Fragestellung dieser Arbeit aber nicht weiter relevant ist. Papst Urban II. hielt seine Synode in Piacenza ab und kam der Bitte des Kaisers nach, indem er alle Teilnehmenden der Synode dazu aufforderte die östlichen Christen zu unterstützen. Weiterhin erlaubte er den Gesandten sich an die ca. 4000 Kleriker und weitere 30.000. Laien zu wenden die an der Synode teilnahmen[4]. Trotz der zahlreichen Teilnehmer und der Aufforderung des Papsts fand der Aufruf keinen Widerhall.

---

[3] Lilie, Ralph-Johannes, Byzanz und die Kreuzzüge, Stuttgart 2004. S. 33.
[4] Gresser, Georg, Die Kreuzzugsidee Papst Urbans II. im Spiegel der Synoden von Piacenza und Clermont, in: Bruns, Peter - Gresser, Georg (Hg.), Vom Schisma zu den Kreuzzügen: 1054 – 1204, Paderborn u.a. 2005, S.133 ff.

Dazu muss man noch erwähnen, dass bei der Synode von Piacenza der Papst lediglich dazu aufrief die byzantinischen Christen gegen die Muslime zu unterstützen. In der Synode wird weder von der Eroberung Jerusalems gesprochen und schon gar nicht von einem Kreuzzug mit Rittern, die das Heilige Land befreien sollen[5].

Nur ungefähr fünf Monate später sahen die Pläne des Papsts schon deutlich anders aus. Auf der Synode in Clermont, in Frankreich, dem Heimatland von Papst Urban II wurden wesentlich mehr wichtige Geistliche eingeladen als in Piacenza. Darüber hinaus stand in der Einladung, dass die Synode eine Pflichtveranstaltung sei und keine Entschuldigung geduldet wird. Diese zwei Maßnahmen zeigen schon, dass Papst Urban II etwas Größeres für die Synode in Clermont plante.[6] Die Idee eines Kreuzzuges zur Befreiung der heiligen Städte wurden schon unter Papst Gregor VII. entwickelt aber lediglich in Briefen thematisiert und nicht an die Öffentlichkeit getragen. Im Gegensatz zu der Synode in Piacenza hielt der Papst eine dramatische Rede in der er alle seine Techniken als großer Redner zur Schau stellte. Es ist überliefert, dass der Papst in aller Dringlichkeit und weinend und seufzend sich an die Teilnehmer gewandt hat. Auch der Inhalt seiner Ansprache unterscheidet sich deutlich von der vorherigen. Papst Urban II redet diesmal nicht von einer Unterstützung der östlichen Christen, sondern von der Befreiung Jerusalems von den Heiden, was das Anliegen von Kaiser Alexios I. Komnenos in den Hintergrund rückte. Das sich dieses geplante Unternehmen in eine Massenbewegung entwickelt bei dem sich eine große Anzahl des Volkes mobilisiert und später in verschiedenen deutschen Städten Judenpogrome auslöst, war mit Sicherheit nicht, dass was sich Papst Urban II vorgestellt hat. Schließlich wendete er sich in Clermont an ein ausgewähltes Publikum, was Erfahrung mit christlichen Militäroperation hatte, und es gewohnt war einen Krieg für die Religion und gegen die Heiden zu führen. Es bleibt also festzuhalten, dass Papst Urban II. zwischen den beiden Synoden die Idee eines Kreuzzuges von Papst Gregor VII. aufgegriffen hat und mit der Hilfeanforderung von Kaiser Alexios I. Komnenos verschmelzen wollte. Seine dramatische Rede in Clermont muss also bei den Zuhörern auf wesentlich mehr Anklang gefunden haben, als in Piacenza, da später die meisten Truppen des ersten Kreuzzuges aus den Bereichen in Südfrankreich kamen, die er bei seiner Frankreichreise besucht hat.[7]

---

[5] Lilie 2004 S.34. .
[6] Gresser 2005 S. 141-144.
[7] Gresser 2005 S. 145-151.

3. Teilnehmer des ersten Kreuzzuges

Wie eben bereits erwähnt, fühlten sich vor allem die Menschen in Frankreich dazu berufen am ersten Kreuzzug teilzunehmen. Weitere Teilnehmer kamen aus den Gebieten Unteritalien und dem Herzogtum Niederlothringen. Neben diesen Teilnehmern, die von ihren Grafen angeführt wurden, gab es noch eine größere Gruppe, die Armen, die hauptsächlich aus Rittern, Kleinadligen, Söldner, Bauern, Frauen und Geistlichen. Bei den Armen handelt es sich um eine kaum kontrollierbare Menschenmasse, von den nur die wenigsten etwas von Kriegsführung verstanden. Eben diese Gruppe von Kreuzfahrern ist auch verantwortlich für die in Deutschland durchgeführten Judenpogrome. Im Gegensatz zu den anderen Kreuzfahrern, die unter der Leitung eines Grafen oder ähnlichen den Kreuzzug antraten, fehlte es den Armen an Führungskräften und Ressourcen. Aus diesem Grund waren die Primärziele der Armen eher auf Beute, Plünderung und das Überleben der langen Reise ausgelegt, anstatt wirklich Jerusalem zu befreien. Trotz dieser unchristlichen Motive könnten weitere Gründe für eine Teilnahme am Kreuzzug religiöser Eifer, Landgewinn und spirituelle Erlösung gewesen sein[8].

4. Gewalttaten an jüdischen Gemeinden

4.1 Rechtslage der Juden

Die Rechtslage der Juden zur Zeit des ersten Kreuzzuges gestaltet sich als äußerst widersprüchlich. Auf der einen Seite hatten sie aufgrund der Kammerknechtschaft einen mehr oder weniger geschützten Status. Der Schutz der jüdischen Gemeinden fiel also in den Bereich des Kaisers aber wie sich im weiteren Verlauf der Arbeit zeigen wird, sind es andere Personen, die den Juden tatsächlich während der Pogrome helfen. Widersprüchlich zu diesem geschützten Status, litten Sie unter einer Politik der Vertreibung und Isolierung, was Ihnen in der modernen Literatur den Status von „geschützten Vertriebenen" einbrachte[9].

Bereits im Vorfeld des ersten Kreuzzuges gab es größere Verfolgung von Juden, die den Judenpogromen von 1096 in vielerlei Hinsicht ähnlich sind. Im Jahr 1007 wurden einige Kirchen im Heiligen Land, auf Befehl vom Kalifen El Hakim zerstört. Daraufhin wurden von den Muslimen Christen im Heiligen Land verfolgt und getötet. Diese Verfolgung richtete sich

---

[8] Lilie 2004 S.35-36.
[9] Pangritz, Andres, Die Schattenseite des Christentums, Stuttgart 2023, S. 55.

auch gegen Juden. Die christlich Abendländische Propaganda verdrehte die Ereignisse, die im Heiligen Land vorgefallen sind und machte die Juden für die Zerstörung der Kirchen verantwortlich, was eine enorme Judenverfolgung in Frankreich auslöste. Einem hebräischen Bericht zufolge wurden die Juden brutal verfolgt und umgebracht, teilweise durch das Schwert aber auch durch Ertränken oder Selbstmord, falls die Opfer keinen anderen Ausweg mehr sahen. Die Situation eskalierte sogar so weit, das Papst Johann XVIII. die Juden unterstützen musste, in dem er einen Legaten nach Frankreich schickte, um die Verfolgungen zu unterbinden. Hierbei muss man noch erwähnen, dass die von vornherein offensichtliche Trennung der Juden, es denn Angreifern wesentlich leichter macht direkt die Juden zu verfolgen. Sowohl das Aussehen der Juden als auch die soziale Trennung der Juden, durch die abgegrenzten Wohngebiete förderten das Eskalationspotenzial der Ereignisse im Jahr 1007 aber auch die späteren Judenpogrome. Das einfache Volk hätte sich mit großer Wahrscheinlichkeit nicht in diesem Ausmaß gegen die Juden gewandt, wenn sich Christen und Juden lediglich durch ihre Glaubenslehre oder Jenseitserwartung unterscheiden würden[10].

4.2. Pogrome in ausgewählten Städten

4.2.1 Speyer

Die erste jüdische Gemeinde, die ein Opfer des Volkskreuzzug wird, ist Speyer. Die Kreuzfahrer legitimierten ihre Angriffe gegenüber den jüdischen Gemeinden mit der Begründung, dass die Juden genau wie Muslime die Feinde der Christen seien. Sie wollten sich rächen für Mitwirkung ihrer Vorfahren an dem Mord von Jesus Christus. Ihrer Ansicht nach musste man nicht bis ins Heilige Land reisen, um die Feinde des Christentums zu vernichten, weil es ja genügend Juden in ihrer unmittelbaren Nähe gab. Da der Volkskreuzzug als militärische Operation im Namen der Kirche stattfand und als Heiliger Krieg bezeichnet wurde, galt das als besondere Form der Buße, wenn sie die Kirche und ihr Land von den Heiden befreien würden. Peter von Amiens und Emicho von Flonheim zählten zu den Anführern des Volkskreuzzug, sie waren maßgeblich an der antijüdischen Stimmung unter den Teilnehmern verantwortlich. Ein weiterer bekannter Mittäter war Herzog Gottfried von Boullion. Er gehörte

---

[10] Kortzfleisch, Siegfried von, Rengstorf, Karl Heinrich, Kirche und Synagoge. Handbuch zur Geschichte von Christen und Juden, Stuttgart 1968, S. 111-114.

zwar nicht zum Volkskreuzzug dazu aber Gottfried von Boullion nutzte die gefährdeten jüdischen Gemeinden aus, um von ihnen Geld zu erpressen[11].

Mit dem Beginn der Ausschreitungen gegen jüdische Gemeinden, wendeten sich die Juden an Kaiser Heinrich IV. um ihn um Hilfe zu bitten. Leider befand sich Kaiser Heinrich IV. zu diesem Zeitpunkt in Norditalien und konnte deswegen die Juden nicht aktiv unterstützen. Dennoch befahl er den Anführern der Kreuzzugteilnehmer ausdrücklich die jüdischen Gemeinden zu verschont zu lassen. Die Kontinente der Grafen, Herzogen und sogar von Peter von Amiens ließen sich mit Geldleistung und Waren abspeisen. Das betraf aber leider nicht die unkontrollierte Menschenschar, die sich unter Emicho von Flonheim vereinigte. Sie stellten sich nicht mit den Geldzahlungen zufrieden, sondern Sie wollten durch Mord und Plünderung den vollständigen Besitz der Juden einräumen. So begann der Volkskreuzzug 1096 in Speyer bei der es zur ersten Judenverfolgung kam[12].

Bischof Johannes ist es zu verdanken, dass in Speyer lediglich elf Juden getötet wurden. Er schaffte es die wilde Meute zu zerstreuen und die übrigen Juden in Sicherheit zu bringen. Durch sein schnelles Handeln evakuierte er die Juden in seinen Bischhofhof und weitere geschützte Plätze die unteranderem mit Waffengewalt verteidigt werden mussten.[13] Zehn von den Elf getöteten Juden wurden vor die Wahl der Zwangstaufe oder den Tod gestellt Alle beteiligten Juden entschieden sich für den Tod, anstatt zum sich taufen zu lassen. Eine Frau unter den elf Juden beging Selbstmord, bevor man sie überhaupt vor die Wahl stellen konnte. Sie war die erste die „Kiddusch HaSchem" vollzog, um der Zwangstaufe zu entgehen. In der Chronik III des Mainzer Anonymus ist noch erwähnt, das Bischof Johann die Juden beschützt, ohne von Ihnen Geld zu verlangen. Bischof Johann kann also als mitfühlender Christ bezeichnet werden, der den Aufforderungen von Kaiser und Papst unter Einsatz seines eigenen Lebens nachkommt.[14]

---

[11] Haverkamp, Eva, Hebräische Berichte über die Juden während des Ersten Kreuzzuges, Hannover 2005, S. 1-5.
[12] Kortzfleisch, 1968, S. 116.
[13] Polikaov, Leon, Geschichte des Antisemitismus. Von der Antike bis zu den Kreuzzügen, Worms 1977, S. 37-38.
[14] Mainzer Anonymus Chronik III, in: MONUMENTA GERMANIAE HSITORICA. Hebräische Berichte über die Judenverfolgung während des ersten Kreuzzuges, hg. Eva Haverkamp, Hannover 2005, S. 266-268.

4.2.2 Worms

Nur ein paar Tage später, erlitt die jüdische Gemeinde in Worms leider ein deutlich schlimmeres Schicksal als die Juden von Speyer. Die jüdische Gemeinde in Worms war von den Ereignissen Speyer natürlich vorgewarnt und diese verschanzten sich daraufhin auf dem Gelände des Bischofs. Andere aus der Gemeinde aber hatten ihr Vermögen bei ihren Christlichen Nachbarn aufbewahrt und sich in ihren Häusern versteckt. Eben diese vertrauenswürdigen Nachbarn fielen den hilflosen Juden in den Rücken und lieferten sie den Kreuzfahrern aus. Wieder wurden die Juden vor die Wahl gestellt, entweder sie lassen sich taufen oder sie sterben einen Märtyrertod. Bis auf die wenigen, welche sich zum Schein haben taufen lassen, wurden alle anderen ohne Rücksicht auf Geschlecht und Alter umgebracht, nicht mal die Klamotten wurden den toten überlassen[15]. Ihre Häuser wurden danach geplündert und zerstört. Dabei blieb es aber nicht. Nachdem alle wertvollen Gegenstände geraubt wurden, widmeten sich die Kreuzfahrer sich der Tora, die sie mit Füßen traten und abschließend zerrissen. Nachdem alle Juden getötet worden waren, verschonten sie nicht einmal die Heilige Schrift der Juden und verspotteten diese[16]. Ungefähr eine Woche hielten die Plünderungen an. Nach dieser Woche stürmten die Kreuzfahrer das Gelände des Bischofs mit eindeutigen Absichten. Als die Kreuzfahrer in die Räumlichkeiten eindrangen, in denen sich die Juden verbarrikadiert hatten, wählte die gesamte Gemeinde den Massenselbstmord. Insgesamt kamen bei den Judenpogromen in Worms ungefähr 800 Juden ums Leben.

4.2.3 Mainz

Nur zwei Wochen später hatte der Volkskreuzzug, welcher mittlerweile bis zu 12.000 Personen umfasste, Mainz erreicht. Emicho von Leimmingen hat sich in dieser Zeit als feste Führungskraft im Volkskreuzzug etabliert und die Judenverfolgung stetig angetrieben. Nach dem sich die wilde Meute über mehrere Tage vor dem Stadttor von Mainz versammelt haben, begann der Ansturm. Aufgrund eines Verrates innerhalb der gesicherten Stadtmauer wurde das Stadttor geöffnet und die Angreifer konnten problemlos mit ihrer Judenverfolgung beginnen[17]. Viele der in Mainz ansässigen Juden suchten und fanden Schutz beim Bischof Ruthart, der sich für 300 Mark Silber dazu bereit erklärte die jüdische Gemeinde zu schützen. Weitere 400 Mark

---

[15] Kortzfleisch 1968, S. 117.
[16] Elieser bar Nathan Chronik II, in: MONUMENTA GERMANIAE HSITORICA. Hebräische Berichte über die Judenverfolgung während des ersten Kreuzzuges, hg. Eva Haverkamp, Hannover 2005, S.268.
[17] Kortzfleisch, 1968, S. 117.

Silber erhielten die Gefolgsleute von Bischof Ruthart für den Schutz der jüdischen Gemeinde. Auch Emicho von Leimmimgen erhielt ein sieben Pfund Gold, dafür das er mit seinen Truppen abrückte und die Stadt verschonen würde. Aber anscheinend interessierten sich die Angreifer nur für die komplette Beute und die Rache an den Juden, weshalb kein Geldangebot die verzweifelten Juden retten konnte. Aussichtslos in ihrer verzweifelten Lage, versammelten sich einige Juden unter dem Rabbi Kalonymos und versuchten den Angreifern mit Rüstungen und Kriegswaffen entgegenzutreten aber die Anzahl der Kreuzfahrer war schlichtweg zu enorm, dass ein paar wenige sie ernsthaft aufhalten konnten. Die übrigen Mitglieder der jüdischen Gemeinde wurden in den Räumlichkeiten des Bischofs von Kreuzfahrern aufgesucht. Sie teilten dasselbe Schicksal, wie jüdische Gemeinde in Worms und begingen Massenselbstmord. Salomo bar Simson schildert von den grausamen Ereignissen: „viele Männer stärkten sich und schlachteten ihre Frauen, ihre Kinder und ihr Gesinde, die zarte und weichliche Mutter schlachtete ihr Liebeskind, alle erhoben sich, Mann wie Frau, und schlachteten einer den anderen....". Genau wie in Worms entschieden sich die Juden für den Märtyrertod anstatt sich von den Christen töten zulassen. Mit diesem fürchterlichen Akt war die Judenverfolgung in Mainz aber noch nicht zu Ende. Die nackten Leichen wurden daraufhin aus dem Fenster geworfen, bis sie einen Haufen bildeten. Ein paar Juden überlebten doch den Massenselbstmord und wurden danach noch gefragt, ob sie sich nicht doch noch taufen lassen wollen, um dem Tod zu entkommen. Jeder der überlebenden Juden entschied sich für den Tod, anstatt die Taufe.[18] Im Gegensatz zur Worms dauerte die Judenverfolgung in Mainz nur einen einzigen Tag. An diesem Tag wurde fast die gesamte Jüdische Gemeinde von Mainz mit ungefähr 1100 Mitgliedern getötet.[19]

4.2.4 Köln

Zwischen den Verfolgungen in Mainz und Köln verstrich ungefähr ein weiterer Monat. Aufgrund des zeitigen Vorsprungs schaffte es der Erzbischof von Köln die jüdische Gemeinde auf sieben umliegenden Dörfern zu verteilen, um sie vor den Kreuzfahrern zu verstecken[20]. Ihr Versteck in den Dörfern blieb aber nur von kurzer Dauer sicher, denn mit der Zeit erreichten immer mehr Kreuzfahrer die Stadt Köln und langsam, aber sicher wurde jedes benachbarte Dorf nach Juden durchsucht. Innerhalb von viert Tagen wurden alle Dörfer bis auf Kerpen von den

---

[18] Berg, Dieter, Steur, Horst, Juden im Mittelalter, Göttingen 1976, S. 68-70.
[19] Kortzfleisch 1968, S. 117.
[20] Polikaov 1977, S.39.

Kreuzfahrern heimgesucht. Die Vorgehensweise deckt sich mit den vorherigen Pogromen in den anderen Städten. Neben der üblichen Plünderung und Demütigung der Juden, wurde in Köln noch eine Synagoge in Brand gesteckt[21]. Salomo bar Simson überliefert uns noch eine weitere Anekdote, die zeigt, wie hasserfüllt die Kreuzfahrer gegen die Juden vorgingen. In dem Dorf Kerpen, das als einziges Dorf keine jüdischen Opfer zu verzeichnen hatte, plante man, die Grabsteine der Juden zu entfernen und daraus ein Gebäude zu errichten. Man könnte sagen, dass die Kreuzfahrer aus trotz unbedingt noch weiteren Schaden der jüdischen Gemeinde zufügen mussten, weil kein Jude in diesem Dorf ihnen zum Opfer gefallen ist[22].

4.2.5 Trier

In Trier verlaufen die Verfolgungen ähnlich ab, wie in den anderen Städten bis auf eine Ausnahme, für die der Erzbischof Egilbert verantwortlich ist. In der lateinischen Quelle über Trier beginnt die Schilderung des Pogroms mit dem „Kiddusch Ha Schem" einiger Juden. Dabei beschwerten sich Frauen mit Steinen und stürzten sich daraufhin in den Fluss. Andere wiederum sprangen mit ihren Kindern von dem Turm der Basilika, um der Zwangstaufe oder schlimmeren zu entgehen. Die übrig gebliebenen Juden wandten sich unter Tränen an Erzbischof Egilbert und baten ihn um Hilfe[23]. Nach einem Gespräch mit dem führenden Rabbiner einigten sie sich darauf, dass die Juden alle ihre Ministerialen zurückerhalten und die Juden nach der Taufe unbeschadet bleiben würden. Anschließend wurde der Rabbiner zuerst getauft und seine Anhänger taten es ihm gleich und ließen sich von Erzbischof Egilbert taufen[24].

Die Zwangstaufen wurden von Kaiser Heinrich IV. auf das schärfste verurteilt und nach seiner Rückkehr aus Italien, gesattete er allen zwangsgetauften Juden die Rückkehr zu ihrem vorherigen Glauben. Vielleicht hätten die Kreuzfahrer nicht in einem solchen Ausmaß die jüdischen Gemeinden angegriffen, wenn Kaiser Heinrich IV. im Jahr 1096 in Deutschland gewesen wäre und nicht auf Italienreise[25].

---

[21] Kortzfleisch 1968, S. 117-118.
[22] Salomo bar Simson Chronik I, in: MONUMENTA GERMANIAE HSITORICA. Hebräische Berichte über die Judenverfolgung während des ersten Kreuzzuges, hg. Eva Haverkamp, Hannover 2005, S. 460.
[23] Haverkamp, Eva, Persecutio und Gezerah in Trier während des Ersten Kreuzzugs, in: Alfred Haverkamp (hg.), Juden und Christen zur Zeit der Kreuzzüge, Sigmaringen 1999, S. 46-47.
[24] Salomo bar Simson Chronik I, in: MONUMENTA GERMANIAE HSITORICA. Hebräische Berichte über die Judenverfolgung während des ersten Kreuzzuges, hg. Eva Haverkamp, Hannover 2005, S. 474-478.
[25] Polikaov 1977, S.40.

5. Fazit

Zusammenfassend kann gesagt werden, dass die Ursache für die Judenpogrome während des ersten Kreuzzuges eine Mischung aus der vornherein antijüdischen Stimmung der Christen und dem unkontrollierten Kreuzzugsauftakt ist, bei dem viele Christen die Möglichkeit sahen im Auftrag der Kirche das Heilige Land zu befreien. Wie in dem Kapitel 4.1 bereits erklärt, steigerte die Ausgrenzung und das anderweitige Aussehen der Juden das Eskalationspotential enorm. Man könnte Papst Urban II. den Vorwurf, dass er sich in Clermont hätte, präziser ausdrucken sollen, anstatt einen Heiligen Krieg gegen alle Feinde der Christen auszurufen. Zusätzlich bestand bei den Christen immer noch ein Rachegedanke gegenüber den Juden, weil ihre Vorfahren für den Tod von Jesus Christus verantwortlich waren. Die Judenpogrome während des Volkskreuzzugs entstanden also aus einer Eigendynamik der Kreuzfahrer, die von Hass, Vorurteilen und dem Verlangen nach Beute angetrieben wurden. Ohne klare Führung und Kontrolle durch die kirchliche Hierarchie oder staatliche Autoritäten sahen sich viele Kreuzfahrer in einer Atmosphäre der Feindseligkeit gegenüber den Juden, die sie fälschlicherweise als Feinde des Christentums betrachteten. Diese Atmosphäre der Feindseligkeit und das Fehlen von klaren Anweisungen führten dazu, dass die Kreuzfahrer sich an den jüdischen Gemeinden vergingen, sie angriffen, plünderten und oft brutal ermordeten. Dies verdeutlicht die dunklen Seiten des Kreuzzugs, die von einer unheilvollen Kombination aus religiösem Eifer, Vorurteilen und Gewalt geprägt waren.

Diese Ereignisse, die sich im Jahr 1096 in deutschen Städten wie Speyer, Worms, Mainz, Köln und Trier abspielten, brachten unermessliches Leid und Tod über die jüdische Bevölkerung. In den meisten Fällen sahen sich die Juden gezwungen Selbstmord zu begehen, um entweder den Tod durch die Hand des Feindes zu entgehen oder um eine Zwangstaufe zu vermeiden. Des weitern wurden die Habseligkeiten geplündert und heilige Schriften zerstört. Nach ausführlicher Auswertung der Quellen muss man sagen, dass der Volkskreuzzug von Hass durchtrieben war. Die jüdischen Gemeinden wurden teilweise über mehrere Tage geplündert und belagert. Selbst wenn sich ein Bischof dazu entschlossen hat, die Juden zu beschützen machten die Kreuzfahrer keinen Halt und ignorierten auch die Anweisung von Kaiser Heinrich IV., der ausdrücklich befohlen hat die jüdischen Gemeinden zu verschonen. Die jüdischen Gemeinden wurden systematisch verfolgt und mit eindeutiger Intension, nämlich die Zerstörung der jüdischen Gemeinde, angegriffen. Einige Christen boten den Juden sogar ihre Hilfe bzw. Schutz an, nur um sie dann zu verraten als die Kreuzfahrer eintrafen. In Trier ließen sich einige Juden taufen, um dem Morden ein Ende zu bereiten, was in Anbetracht der anderen

Gemeinden einen Ausnahmefall darstellt, weil die meisten eher den Tod wählten, anstatt sich taufen zu lassen. Diese dunkle Periode der Geschichte verdeutlicht die verheerenden Folgen von religiösem Fanatismus, Vorurteilen und Gewalt und erinnert uns daran, die Lehren aus der Vergangenheit zu ziehen, um eine Zukunft der Toleranz, des Mitgefühls und des gegenseitigen Respekts zu gestalten.

6. Bibliografie

Literaturverzeichnis

Berg, Dieter, Steur, Horst, Juden im Mittelalter, Göttingen 1976.

Gresser, Georg, Die Kreuzzugsidee Papst Urbans II. im Spiegel der Synoden von Piacenza und Clermont, in: Bruns, Peter - Gresser, Georg (Hg.), Vom Schisma zu den Kreuzzügen: 1054 – 1204, Paderborn u.a. 2005, S.133-154.

Haverkamp, Eva, MONUMENTA GERMANIAE HSITORICA. Hebräische Berichte über die Juden während des Ersten Kreuzzuges, Hannover 2005.

Haverkamp, Eva, Persecutio und Gezerah in Trier während des Ersten Kreuzzugs, in: Alfred Haverkamp (hg.), Juden und Christen zur Zeit der Kreuzzüge, Sigmaringen 1999.

Kortzfleisch, Siegfried von, Rengstorf, Karl Heinrich, Kirche und Synagoge. Handbuch zur Geschichte von Christen und Juden, Stuttgart 1968.

Lilie, Ralph-Johannes, Byzanz und die Kreuzzüge, Stuttgart 2004.

Mentgen, Gerd, Kreuzzüge und Judenpogrome, in: Kotzur, Hans-Jürgen (Hg.), Die Kreuzzüge. Kein Krieg ist heilig, Mainz 2004.

Pangritz, Andres, Die Schattenseite des Christentums, Stuttgart 2023.

Polikaov, Leon, Geschichte des Antisemitimus. Von der Antike bis zu den Kreuzzügen, Worms 1977.

Quellenverzeichnis

Mainzer Anonymus Chronik III, in: MONUMENTA GERMANIAE HSITORICA. Hebräische Berichte über die Judenverfolgung während des ersten Kreuzzuges, hg. Eva Haverkamp, Hannover 2005.

Elieser bar Nathan Chronik II, in: MONUMENTA GERMANIAE HSITORICA. Hebräische Berichte über die Judenverfolgung während des ersten Kreuzzuges, hg. Eva Haverkamp, Hannover 2005.

Salomo bar Simson Chronik I, in: MONUMENTA GERMANIAE HSITORICA. Hebräische Berichte über die Judenverfolgung während des ersten Kreuzzuges, hg. Eva Haverkamp, Hannover 2005.

BEI GRIN MACHT SICH IHR WISSEN BEZAHLT

- Wir veröffentlichen Ihre Hausarbeit,
  Bachelor- und Masterarbeit

- Ihr eigenes eBook und Buch -
  weltweit in allen wichtigen Shops

- Verdienen Sie an jedem Verkauf

Jetzt bei www.GRIN.com hochladen
und kostenlos publizieren